Explora
América del Norte

Molly Aloian y Bobbie Kalman

Crabtree Publishing Company

www.crabtreebooks.com

Creado por Bobbie Kalman

Dedicado por Katherine Kantor
Mojej kochanej matce chrzestnej, Cioci Jadzi Sobolewskiej.

Editora en jefe
Bobbie Kalman

Equipo de redacción
Molly Aloian
Bobbie Kalman

Editora de contenido
Kathryn Smithyman

Editores
Michael Hodge
Kelley MacAulay

Diseño
Katherine Kantor

**Coordinadora
de producción**
Heather Fitzpatrick

Investigación fotográfica
Crystal Foxton

Técnica de preimpresión
Nancy Johnson

Consultor
Richard S. Hyslop, profesor de Geografía, Departamento de Geografía
y Antropología, California State Polytechnic University, Pomona

Consultor lingüístico
Dr. Carlos García, M.D., Maestro bilingüe de Ciencias, Estudios Sociales y Matemáticas

Ilustraciones
Barbara Bedell: páginas 4 (ave y hojas), 6, 14 (nutria marina), 18 (hojas), 19, 23, 26
Samantha Crabtree páginas 7 (mapa), 24, 30, 31
Antoinette "Cookie" DeBiasi: página 5
Katherine Kantor: páginas 4 (mapa), 14 (pez), 15, 17, 22 (serpiente)
Robert MacGregor: portada (mapa), contraportada (mapa), páginas 8-9, 12,
    14 (mapa), 16, 18 (mapa), 20 (mapa), 22 (mapa)
Margaret Amy Salter: páginas 7 (mariposas), 20 (perrito de las praderas)

Fotografías
Dreamstime.com: Andrei Kaplun: página 12; Juan Lobo: página 29
iStockphoto.com: portada, páginas 10, 11 (parte inferior), 13, 21, 22, 23, 24, 25, 28, 31
Travel Ink Photo Library/Index Stock: página 27
© Shutterstock: July Flower: página 15; Mike Norton: portada;
    Sherry Yates Sowell: página 6
Otras imágenes de Corbis, Corel, Digital Stock, Digital Vision y Photodisc

Traducción
Servicios de traducción al español y de composición
de textos suministrados por translations.com

Library and Archives Canada Cataloguing in Publication

Aloian, Molly
    Explora América del Norte / Molly Aloian y Bobbie
Kalman.

(Explora los continentes)
Includes index.
Translation of: Explore North America.
ISBN 978-0-7787-8292-6 (bound).--ISBN 978-0-7787-8300-8 (pbk.)

    1. North America--Geography--Juvenile literature. I.
Kalman, Bobbie, 1947-
II. Title. III. Series.

E38.5.A4618 2007   j917   C2007-904772-6

Library of Congress Cataloging-in-Publication Data

Aloian, Molly.
    [Explora North America. Spanish]
    Explora América del Norte / Molly Aloian y Bobbie Kalman.
        p. cm. -- (Explora los continentes)
    Includes index.
    ISBN-13: 978-0-7787-8292-6 (rlb)
    ISBN-10: 0-7787-8292-1 (rlb)
    ISBN-13: 978-0-7787-8300-8 (pb)
    ISBN-10: 0-7787-8300-6 (pb)
    1. North America--Juvenile literature. 2. North America--
Geography--Juvenile literature. I. Kalman, Bobbie. II. Title. III.
Series.

E38.5.A4518 2007
970--dc22

2007030671

Crabtree Publishing Company

www.crabtreebooks.com   1-800-387-7650

**Publicado en Canadá
Crabtree Publishing**
616 Welland Ave.
St. Catharines, ON
L2M 5V6

**Publicado en
los Estados Unidos
Crabtree Publishing**
PMB16A
350 Fifth Ave., Suite 3308
New York, NY 10118

**Publicado en
el Reino Unido
Crabtree Publishing**
White Cross Mills
High Town, Lancaster
LA1 4XS

**Publicado en Australia
Crabtree Publishing**
386 Mt. Alexander Rd.
Ascot Vale (Melbourne)
VIC 3032

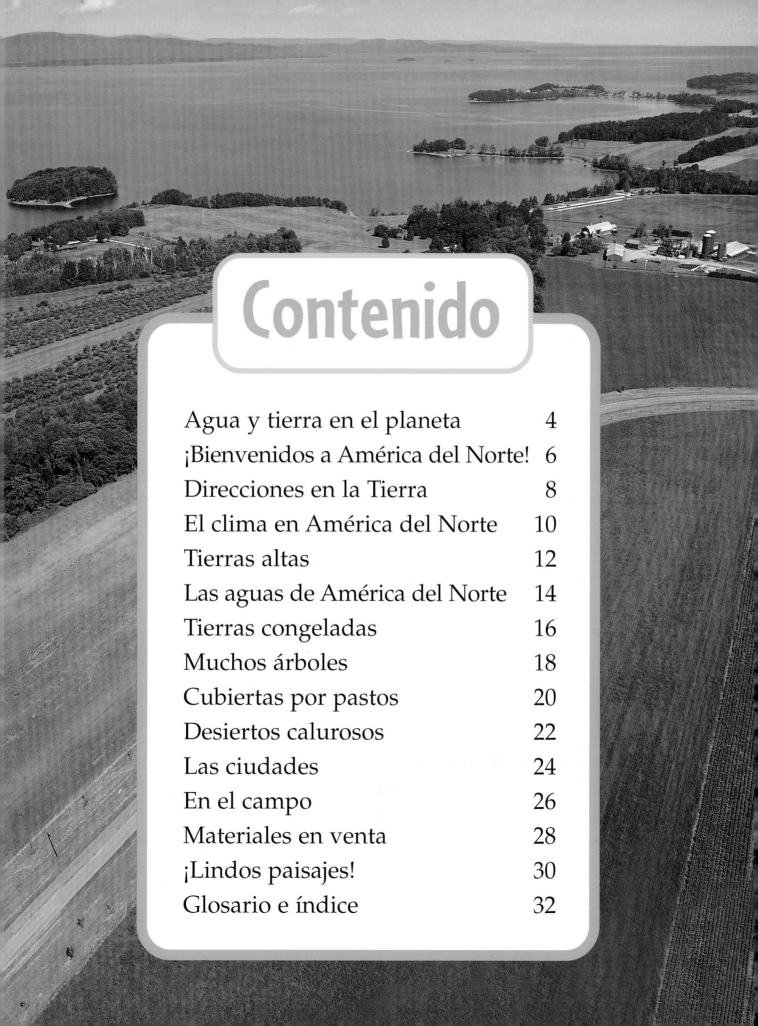

Contenido

Agua y tierra en el planeta

En la Tierra hay grandes zonas de agua llamadas **océanos**. Hay cinco océanos. Del más grande al más pequeño son: el océano Pacífico, el Atlántico, el Índico, el Antártico y el Ártico.

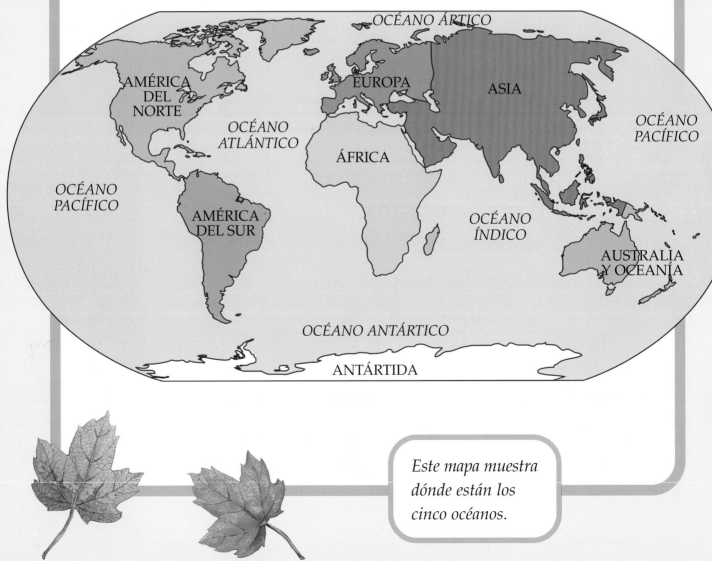

OCÉANO ÁRTICO

AMÉRICA DEL NORTE

EUROPA

ASIA

OCÉANO PACÍFICO

OCÉANO ATLÁNTICO

ÁFRICA

OCÉANO PACÍFICO

AMÉRICA DEL SUR

OCÉANO ÍNDICO

AUSTRALIA Y OCEANÍA

OCÉANO ANTÁRTICO

ANTÁRTIDA

Este mapa muestra dónde están los cinco océanos.

*Este oso vive en un **bosque** de América del Norte.
En la página 18 puedes leer más sobre los bosques.*

Los continentes

En la Tierra también hay siete gigantescas
zonas de tierra firme llamadas **continentes**.
Los continentes son: Asia, África, América
del Norte, América del Sur, Antártida,
Europa y Australia y Oceanía.

¡Bienvenidos a América del Norte!

Este libro habla del continente de América del Norte. Allí hay 24 **países**. Cada país tiene límites llamados **fronteras**. En las fronteras, termina un país y empieza otro. Un país también tiene un **gobierno**. Un gobierno es un grupo de personas que dirigen un país.

Esta fotografía muestra casas coloridas de un país llamado Bahamas.

GROENLANDIA

CANADÁ

ESTADOS UNIDOS

SAN CRISTÓBAL Y NIEVES

REPÚBLICA DOMINICANA

ANTIGUA Y BARBUDA

DOMINICA

BAHAMAS

SANTA LUCÍA

BARBADOS

CUBA

SAN VICENTE Y LAS GRANADINAS

MÉXICO

HAITÍ

JAMAICA

TRINIDAD Y TOBAGO

BELICE

NICARAGUA

GUATEMALA

PANAMÁ

GRANADA

EL SALVADOR   HONDURAS   COSTA RICA

Países isleños

Algunos países son **islas**. Una isla es tierra rodeada de agua. Una isla es más pequeña que un continente. Algunos países están formados por una isla. Otros están formados por muchas islas. Las Bahamas, por ejemplo, son un país formado por cerca de 700 islas.

Direcciones en la Tierra

En la Tierra hay cuatro **direcciones** principales: Norte, Sur, Este y Oeste. El lugar que está más al norte en la Tierra se llama **Polo Norte**. El lugar que está en el extremo sur de la Tierra se llama **Polo Sur**. El clima siempre es frío en las zonas cercanas al Polo Norte y al Polo Sur.

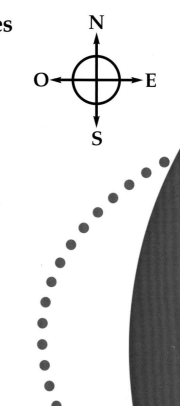

ECUADOR

POLO NORTE

ECUADOR

POLO SUR

Calor cerca del ecuador

Las zonas cercanas al **ecuador** siempre son calurosas. El ecuador es una línea imaginaria que divide la Tierra en dos partes iguales.

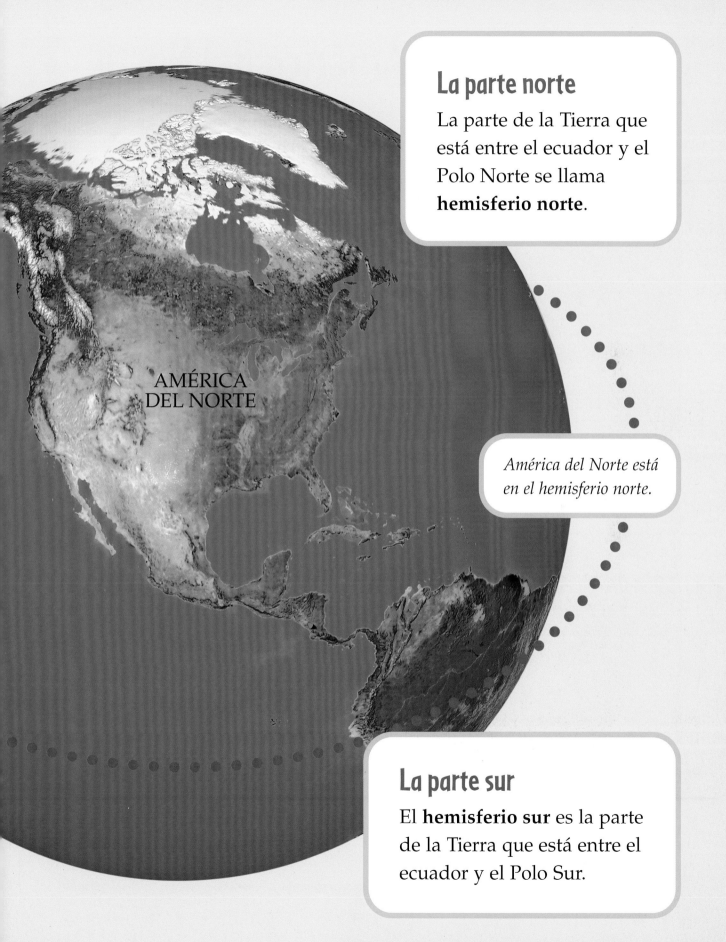

La parte norte

La parte de la Tierra que está entre el ecuador y el Polo Norte se llama **hemisferio norte**.

AMÉRICA
DEL NORTE

América del Norte está en el hemisferio norte.

La parte sur

El **hemisferio sur** es la parte de la Tierra que está entre el ecuador y el Polo Sur.

El clima en América del Norte

El **clima** es el estado del tiempo de una región durante un largo período. El clima incluye la temperatura, la cantidad de lluvia y el viento de una zona.

¿Frío o calor?

Las zonas norte de América del Norte están lejos del ecuador. En esas zonas hace frío, hay viento y nieva todo el año. Las regiones del sur de América del Norte están cerca del ecuador. En casi todas esas zonas, hace calor y llueve todo el año.

El **Caribe** está cerca del ecuador. El Caribe es cálido todo el año.

Cantidad de lluvia

En algunas partes de América del Norte llueve o nieva mucho cada año. En otras partes de América del Norte casi no llueve ni nieva en el año.

Esta fotografía muestra una zona de los Estados Unidos donde llueve muy poco.

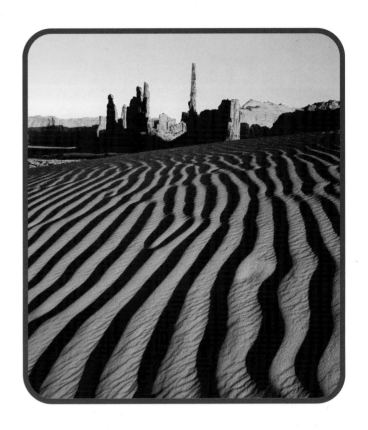

En las zonas norte de América del Norte, hace frío, hay viento y nieva. En esas zonas viven osos polares.

Tierras altas

En América del Norte hay muchas **montañas**. Una montaña es una zona alta de tierra. Las montañas son una clase de **accidente geográfico**. Los accidentes geográficos son diferentes formas de la superficie de la Tierra.

Las zonas de color marrón de este mapa muestran algunas montañas de América del Norte.

montañas

Todas en línea

En América del Norte hay muchas **cordilleras** o grupos de montañas en línea. Las montañas Rocosas forman una cordillera en el oeste de América del Norte.

Volcanes

En toda América del Norte hay **volcanes**. Un volcán es una montaña con una abertura en la cima. De esta abertura a veces **erupciona** roca líquida y caliente llamada **lava**. Erupcionar significa explotar. De la abertura también erupcionan **cenizas** y gases. En los Estados Unidos hay volcanes **activos**. Un volcán activo es un volcán que erupcionó recientemente.

Las aguas de América del Norte

América del Norte tiene océanos a lo largo de sus **costas**. La costa es la tierra que está junto al océano. La costa norte de América del Norte está junto al océano Ártico. La costa este está junto al océano Atlántico. La costa oeste está junto al océano Pacífico.

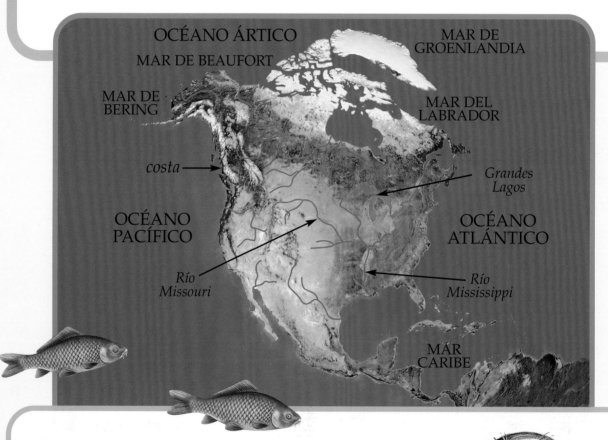

OCÉANO ÁRTICO

MAR DE GROENLANDIA

MAR DE BEAUFORT

MAR DE BERING

MAR DEL LABRADOR

costa

Grandes Lagos

OCÉANO PACÍFICO

OCÉANO ATLÁNTICO

Río Missouri

Río Mississippi

MAR CARIBE

Los mares

En América del Norte también hay **mares**. Un mar es una parte del océano que está parcialmente rodeada por tierra.

Ríos ondulantes y lagos grandes

En América del Norte hay cientos de **ríos** y **lagos**. El río Mississippi y el río Missouri son dos de los ríos más grandes de América del Norte. En la región este del continente hay un grupo de cinco lagos de gran tamaño llamados los **Grandes Lagos**. Los Grandes Lagos están formados por el lago Hurón, el Ontario, el Michigan, el Erie y el Superior.

Datos importantes

Con la primera letra del nombre de cada uno de los Grandes Lagos se forma la palabra inglesa *"homes"* (hogares). Trata de repetir el nombre de los lagos sin mirar.

En América del Norte hay cientos de otros lagos, pero los Grandes Lagos son los de mayor tamaño. Esta fotografía muestra un faro en el lago Superior.

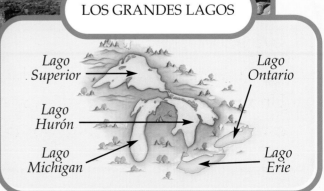

LOS GRANDES LAGOS

Lago Superior

Lago Ontario

Lago Hurón

Lago Michigan

Lago Erie

Tierras congeladas

En el norte de América del Norte, hay una gran zona de tierra congelada llamada **tundra**. En la tundra no hay árboles. Allí hace mucho frío y hay mucho viento. El invierno dura casi todo el año. El clima se torna cálido solamente durante unas semanas en el verano. En el verano crecen algunas plantas pequeñas en la tundra.

tundra

Este lobo ártico vive en la fría tundra.

Estos zorros árticos tienen un pelaje abrigador.

Animales de la tundra

En la tundra viven animales como el buey almizclero, el zorro ártico y el búho nival. El buey almizclero y el zorro ártico tienen gruesas capas de pelaje que les cubren el cuerpo. El búho nival tiene plumas abrigadoras. El pelaje y las plumas mantienen a estos animales abrigados en el clima frío.

búho nival

buey almizclero

Muchos árboles

En América del Norte hay **bosques**. Los bosques son zonas en donde crecen muchos árboles. En los bosques de América del Norte crecen árboles como las **coníferas** y los **árboles de hojas anchas**. Las coníferas son árboles que tienen conos y hojas en forma de aguja. Los árboles de hojas anchas tienen hojas amplias y planas. En muchos bosques hay solamente coníferas. Algunos sólo tienen árboles de hojas anchas. Otros tienen ambas clases de árboles.

bosques

¿Qué vive en los bosques?

En los bosques también crecen otras plantas como **helechos**, **musgos** y arbustos. En los bosques de América del Norte viven miles de animales diferentes. Hay alces enormes e insectos pequeños. Otros animales de los bosques son los ciervos, los lobos, los puercoespines y los conejos.

Las martas pasan mucho tiempo en el bosque.

Cubiertas por pastos

En el centro de América del Norte hay **pastizales**. Estos pastizales se llaman **praderas**. Las praderas son grandes zonas de tierra llana donde crecen muchas clases de pastos. Allí también crecen arbustos y algunas clases de árboles. Las praderas se extienden desde el sur de Canadá hasta el sur de los Estados Unidos.

pastizales

En las praderas viven muchas clases de animales, como este berrendo y los perritos de las praderas.

perrito de las praderas

Altas, bajas y mixtas

En América del Norte hay tres clases de praderas: **praderas de pastos altos**, **praderas de pastos bajos** y **praderas mixtas**. En las praderas de pastos altos, estos llegan a medir más de cinco pies (1.5 m) de altura. En las praderas de pastos bajos, estos llegan a medir solamente cerca de dos pies (0.6 m) de altura. En las praderas mixtas, crecen pastos altos y bajos.

Desiertos calurosos

En América del Norte hay **desiertos**. Los desiertos son zonas muy calurosas y secas. En los desiertos caen menos de 10 pulgadas (25 cm) de lluvia por año. El desierto de Sonora, el de Mojave y el de Chihuahua son tres desiertos de América del Norte.

desiertos

Este excursionista está parado en el Valle de la Muerte, en el desierto de Mojave. Es la zona más calurosa y seca de América del Norte.

El desierto de Sonora

El desierto de Sonora está en el sur de los Estados Unidos y en el norte de México. En este desierto crecen plantas como el saguaro que se ve a la izquierda. Allí también viven animales como el conejo castellano del desierto, las tortugas del desierto y los lagartos cornudos. En el desierto de Sonora viven más de un millón de personas en ciudades y pueblos.

conejo castellano del desierto

tortuga del desierto

Las ciudades

En América del Norte viven más de 500 millones de personas. La mayoría vive en **zonas urbanas**. Las zonas urbanas son ciudades y pueblos. Toronto, la Ciudad de México y la ciudad de Nueva York son tres grandes ciudades de América del Norte. En Toronto viven más de 5 millones de personas, en la Ciudad de México viven más de 18 millones y en la ciudad de Nueva York viven más de 15 millones.

*Esta fotografía muestra la **catedral** de la Ciudad de México.*

En este mapa se muestra dónde están algunas de las ciudades más grandes de América del Norte.

Esta fotografía muestra parte de la ciudad de Toronto. Toronto está en Canadá. El edificio más alto de la fotografía se llama Torre CN. Mide 1,815 pies (553 m) de altura.

Esta fotografía muestra parte de la ciudad de Nueva York. Esta ciudad está cerca de la costa este de los Estados Unidos.

En el campo

En América del Norte, algunas personas viven en **zonas rurales**. Una zona rural es un lugar en el campo, fuera de las ciudades y de los pueblos. En las zonas rurales de Canadá y los Estados Unidos hay granjas enormes. Esta fotografía muestra vacas que viven en una gran granja llamada **rancho**. En un rancho, las personas **crían** vacas para obtener leche y carne.

Estas vacas son alimentadas en un rancho.

*Las personas compran y venden frutas y verduras en **mercados**. Este mercado está en Guatemala.*

América Central rural

La zona que está más al sur de América del Norte con frecuencia es llamada **América Central**. América Central está formada por Guatemala, Belice, Honduras, El Salvador, Nicaragua, Costa Rica y Panamá. En América Central hay muchas zonas rurales. Algunas personas que viven en estas zonas trabajan en **plantaciones** de café, caña de azúcar o plátanos. En las zonas rurales hay muy pocas escuelas y negocios. Por esa razón, muchas personas no tienen trabajo. Sin trabajo, es difícil alimentar una familia o encontrar buenos lugares para vivir.

Materiales en venta

Las personas que viven en América del Norte venden materiales que encuentran en la naturaleza. Los venden para ganar dinero. Venden materiales como maíz, trigo, petróleo y **madera para construcción**, ya cortada y preparada. El petróleo y la madera para construcción se encuentran en los Estados Unidos, Canadá y América Central. El trigo y el maíz crecen principalmente en los Estados Unidos y Canadá.

Este camión lleva una carga enorme de madera que se usará en la construcción.

Materiales metálicos

El níquel, el cobre, la plata y el oro son otros materiales naturales que se encuentran en América del Norte. Son clases de metales. Las personas los sacan de las **minas**. Una mina es un gran agujero que se cava en el suelo. Las personas usan los metales para hacer cosas como joyas y monedas.

Esta fotografía muestra un gran camión en una mina de cobre.

¡Lindos paisajes!

En América del Norte hay muchos lugares hermosos para visitar y cosas interesantes para hacer. Estas páginas muestran algunos paisajes espectaculares de América del Norte.

Pirámides mayas

Los mayas eran personas muy **civilizadas** que vivieron en México, Guatemala, Belice y El Salvador hace miles de años. Construyeron **pirámides** en los lugares donde vivían. Estas pirámides todavía existen. Personas de todo el mundo viajan para verlas.

Cataratas del Niágara

Las cataratas del Niágara son un lugar muy interesante para visitar. Son gigantescas cascadas del agua del río Niágara. Miles de personas las visitan cada año. Las cascadas pueden verse desde Canadá y desde los Estados Unidos.

Hawai

Hawai está lejos del resto de América del Norte, en medio del océano Pacífico. Sin embargo, Hawai es parte de los Estados Unidos. Muchas personas visitan Hawai para ver hermosos animales como ballenas, delfines y tortugas marinas.

Glosario

Nota: Es posible que las palabras en negrita que están definidas en el texto no figuren en el glosario.

Caribe (el) Región formada por el mar Caribe, sus costas y sus islas

catedral (la) Iglesia muy grande

ceniza (la) Sustancia polvorosa grisácea que sale disparada de los volcanes

civilizado Palabra que describe personas con una sociedad y forma de vida avanzadas

criar Hacer que animales de la misma especie se apareen y tengan crías

helecho (el) Planta con grandes hojas y sin flores

lago (el) Gran zona de agua rodeada por tierra

mercado (el) Lugar donde las personas venden frutas, verduras y otros productos

musgos (los) Pequeñas plantas verdes que crecen en grupo en rocas o árboles

pirámide (la) Gran estructura con una base cuadrada o triangular y paredes inclinadas que se unen en un punto superior

plantación (la) Granja grande donde se cultivan cosechas

rancho (el) Granja grande donde se cría una clase de animales

río (el) Gran cantidad de agua que fluye hacia un océano, lago u otro río

Índice

Impreso en Canadá